Au cœur de la forêt, par un matin d'été ensoleillé

Les parents d'Harvey, l'ours qui ne voulait que dormir, se préparaient à faire un pique-nique et à passer toute la journée ensemble.

Mais l'ours endormi ne voulait pas y aller. La mère lui a donc demandé :
"Harvey, es-tu sûr de ne pas vouloir venir avec nous et passer une belle journée en famille ?
Nous allons manger de délicieux fruits, profiter du soleil et nous amuser. Tous tes cousins
seront là aussi, et je suis sûr qu'ils joueront beaucoup.

"Je ne veux pas y aller", répondit l'ours paresseux. "Je suis très fatigué."

La vérité est que Harvey n'a jamais voulu aller nulle part avec sa famille. Tout ce qu'il voulait, c'était dormir dans la rivière.

"D'accord", répondit Maman Ours, "mais ne t'endors pas à nouveau dans la rivière. C'est trop dangereux."

"Je ne le ferai pas, maman, je ne le ferai pas", a déclaré Harvey alors que sa famille se préparait à partir

Malgré ce qu'il avait dit à sa mère, quand toute la famille alla se promener...

la première chose qu'il fut a été de se mettre à l'eau et de crier : "Bombe qui éclabousse!"

il a ouvert les bras et a étendu ses jambes sur l'eau, qui était très calme, tout ce qu'il aimait.

Bien sûr, Harvey, l'ours qui ne voulait que dormir, est vite tombé dans un sommeil profond.

A tel point qu'il n'a pas remarqué que le courant l'emmenait très loin de l'endroit où il se trouvait. Son sommeil était si profond qu'il n'a rien remarqué autour de lui.

Soudain, il se cogna la tête avec une énorme pierre. Mais cela ne le réveilla pas.

Le coup a été si fort qu'il fît tout trembler. Un beau pommier au bord de la rivière secoua ses branches

et une grosse pomme rouge termina sur le front d'Harvey. Mais même cela ne le réveilla toujours pas.

Il se gratta avec une de ses petites jambes et continua à dormir.

Soudain, une voix interrompu son long et profond sommeil.

"Harvey, tu t'es encore endormi dans la rivière ?" s'écrie la maman ours, qui était déjà de retour.

"Oh, maman, non. Le truc, c'est que..." ne savait même pas quoi dire le pauvre ours.

"Je t'ai vu flotter dans la rivière sans que tu t'en aperçoives, et tu es venu à l'endroit où nous faisons le pique-nique.

"Maman, je me suis endormie un moment et j'ai eu très faim", dit l'ours rusé en riant.

"Quel ours paresseux", dit sa mère, en lui donnant un sandwich.

Les cousins d'Harvey étaient très heureux car ils ne le voyaient presque jamais. Il était heureux lui aussi. Puis ils ont commencé à jouer.

"Je ne savais pas que passer du temps en famille pouvait être aussi amusant", dit le petit ours, qui s'est amusé avec tous ses cousins.

Ils mangèrent le miel le plus doux du monde, coururent autour des arbres et jouèrent à toutes sortes de jeux.

à partir de ce moment, Harvey a compris qu'il ne devait pas être aussi paresseux.

Il ne manquerait plus les réunions de famille pour rien au monde.
Il était fier de créer des histoires qui enseignaient de bonnes valeurs aux enfants.